AF339769

COLONIE DE MADAGASCAR ET DÉPENDANCES

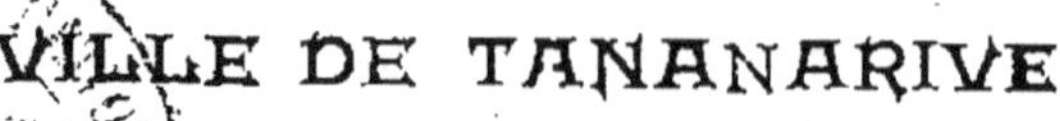

VILLE DE TANANARIVE

DISCOURS

prononcés au cours des Fêtes données
le Samedi 9 Octobre 1909

SOUS LA PRÉSIDENCE

de M. Victor AUGAGNEUR
Gouverneur Général

A L'OCCASION DE LA POSE DE LA PREMIÈRE PIERRE
DU

MONUMENT

*destiné à commémorer la promulgation dans la
Colonie du décret sur la Naturalisation*

TANANARIVE
Imprimerie du Progrès
1909

DÉCRET

fixant les conditions d'accession des indigènes de Madagascar aux droits de
citoyen français.

Le Président de la République Française,

Vu l'article 18 du sénatus-consulte du 3
mai 1854 ;

Vu la loi du 6 août 1896, déclarant colonie
française l'île de Madagascar et les îles qui
en dépendent ;

Vu l'article 17 du décret du 7 février 1897 ;

Vu les décrets des 9 juin et 24 novembre
1898 sur la justice à Madagascar ;

Sur le rapport du ministre des colonies et
du garde des sceaux, ministre de la justice
et des cultes,

Décrète :

Art. 1er. — L'indigène né avant l'an-
nexion à Madagascar ou dans ses dépendances, ou né depuis cette époque à Madagascar ou dans ses dépendances à l'époque ou elle s'est produite, est sujet français ; il conserve néanmoins le statut indigène et continue à être régi par les lois
et coutumes malgaches sous les réserves
sauf les exceptions prévues par la législation en vigueur. Il peut, sur sa demande, à partir de l'âge de vingt et un ans,
être appelé à jouir des droits de citoyen
français.

Dans ce cas, il est régi, ainsi que sa
femme et ses enfants mineurs, par les lois
civiles et politiques applicables aux citoyens français dans la Colonie,

ART. 2. — Il doit, à cet effet, se présenter devant l'administrateur de la province où il réside pour former sa demande et déclarer qu'il entend être régi par les lois civiles et politiques de la France ; il doit justifier de la connaissance de la langue françaiss. Procès-verbal est dressé par l'administrateur desdites demande et déclaration.

Sont dispensés de l'obligation de justifier de la connaissance de la langue française, les indlgènes décorés de la Légion d'honneur ou de la médaille militaire.

ART. 3. — L'administrateur procède d'office à une enquête sur les antécédents et la moralité du demandeur. Il transmet au Gouverneur Général le dossier de l'enquête, avec le procès-verbal et les pièces à l'appui, le tout accompagné de son avis motivé.

ART. 4. — Le Gouverneur Général, en conseil d'administration' émet son avis sur la demandes et la transmet ensuite avec le dossier au ministre des colonies. Il est statué par le Président dela République, sur la proposition collective du ministre des colonies et du garde des sceaux.

ART. 5 — Si le demandeur est sous les drapeaux, le procès-verbal prescrit à l'article 2 est dressé par le chef de corps, Ce dernier transmet le dossier au général commandant supérieur, qui donne son avis motivé et l'envoie ensuite au Gouverneur Général pour la suite à donner.-

ART. 6 -- Aucun droit de sceau ne sera perçu pour l'accession des indigènes malgache aux droits de citoyen français.

Art. 7. -- Le ministre des colonies et le garde des sceaux, ministre de la Justice et des Cultes, sont chargés, chacun en ce qui le conserne, de l'exécution du présent décret, qui sera publié aux *Journaux Officiels* de la métropole et de la colonie de Madagascar et inséré au *Bulletin des Lois* et au *Bulletin Officiel* du ministère des colonies.

Fait à Paris, le 3 mars 1909.

A. FALLIÈRES

Par le Président de la République :

Le ministre des colonies,
MILLIÈS-LACROIX

Le garde des sceaux,
ministre de la justice et des cultes,
A. BRIAND.

LISTE

des membres du Comité qui présida à l'organisation des Fêtes données à Tananarive, les 8 et 9 Octobre 1909, à l'occasion de la pose de la première pierre du Monument destiné à commémorer la promulgation du décret sur la Naturalisation :

Président :	RAKOTOVAO
Vice-Président :	Dr CH. RANAIVO,
Commissaires généraux :	E. RANARIVELO, Négociant, RAJOELINA, Médecin-Dentiste.
Trésoriers :	Dr ANDRIANAVONY, Dr RAJONAH
Secrétaires :	Dr ANDRIANJAFY, RANDRIAMAHEFA, Comptable Pharmacie Métropole RABENJA, Négociant.
Assesseurs :	G. RAKOTOBE, RANJALAHY.

Cérémonie de la pose de la première pierre

REMISE DU MONUMENT AU GOUVERNEMENT

DISCOURS

Le premier M. Rakotovao, Président du comité et en son nom s'exprima en ces termes.

Discours de M. Rakotovao

Monsieur le Gouverneur Général,

C'est un honneur pour moi que de me lever devant vous pour être l'interprète de mes compatriotes qui vivent en paix sous le drapeau tricolore ; c'est aussi une joie pour moi que d'être le porte-parole de cette foule immense pour remercier la France et pour vous remercier des progrès que vous avez fait réaliser à notre île, afin de lui permettre de goûter les nombreux bienfaits de la France pleine de sollicitude pour elle.

Avec la permission qui m'a été donnée, je vous demande Monsieur le Gouverneur Général, ainsi qu'à mes compatriotes de vouloir bien m'excuser, car je suis trop indigne pour prendre la parole aujourd'hui. Mais je suis désigné « comme un enfant choisi pour danser en présence de son père », bien qu'il soit petit, il fait toujours plaisir, et veuillez comprendre que si les enfants sont contents c'est parce qu'ils voient leur père. Je tiens à vous remercier, Monsieur le Gouverneur Général, et notre joie sera grande si vous jugez que nos remerciements sont dignes.

Je vous exprime notre joie à nous malgaches, pour les mesures que vous avez prises pour transformer notre pays.

Je cite les hôpitaux et les postes mobiles de médecins qui sont créés partout dans l'île et dont notre vie ressent les bienfaits. Avant leur création, la mortalité était très grande ; mais aujourd'hui, des médicaments et des secours nous sont distribués gratuitement, des médecins sont mis à notre disposition les gens guéris rentrent avec joie et ceux qui ont le malheur de perdre leurs parents sont satisfaits des soins médicaux qui ont été prodigués aux leurs.

Il en est de même de l'assistance aux indigents. Chez nous l'expression. « Il ne faut pas travailler pour Rainilaizafy » c'est-à-dire « tant pis pour les malheureux tant pis pour les pauvres » était devenu un proverbe. Nous n'avions pas en effet d'égards pour les gens de basse classe. Mais la France n'agit pas de même à notre égard : elle habille les pauvres, nourrit les affamés et vient én aide aux malheureux.

De plus nous voyons l'augmentation du nombre des écoles créées partout dans l'île, l'ouverture des routes qui permettent aux habitants des quatre points cardinaux de se voir et de s'approvisionner en quelques heures en denrées et en marchandises ; le chemin de fer, qui est une chose admirable pour ce pays, tant au point de vue des avantages qui en résultent qu'au point de vue de sa beauté. Si nous n'étions pas nés dans ce pays nous serions dans l'embarras pour reconnaître Madagascar.

Et les télégraphes ainsi que les téléphones ! Ceux qui ne peuvent pas se déplacer peuvent correspondre par lettres ; ceux qui ont des affaires urgentes à traiter peuvent communiquer verbalement, et cela, entre deux personnes séparées par plusieurs centaines de kilomètres.

Et la transformation des villes ! S'il était possible de redonner la vie aux ancêtres, ne seraient-ils pas étonnés de voir les améliorations faites ? Et la tranquillité du pays ! On n'entend plus parler de malfaiteurs qui détroussent sur les chemins, ni d'actes de brigandage commis en bande. Tranquillité pendant la journée et sécurité pendant la nuit.

Et les lampes ainsi que l'eau dont l'entreprise est poussée pour notre usage ! Dans peu de temps, nos femmes et nos enfants n'auront plus à porter la cruche pour chercher de quoi boire.

N'est pas cela, ô Malgaches,

Il m'est impossible d'énumérer ici tous les bienfaits dont nous comble la France généreuse, mais je me borne à en indiquer les principaux.

Je vous fais connaître, Monsieur le Gouverneur Général, que la joie déborde tellement de mon cœur que ma bouche arrive difficilement à prononcer le mot

« Merci ». Un mot à vous dire cependant « Merci cent fois » Monsieur le Gouverneur Général et souvenez-vous que notre remerciement vous est adressé pour chaque bienfait reçu.

Je tiens à parler en dernier lieu d'un bienfait très importante, mais je ne saurait trop vous faire comprendre que pour cela notre joie déborde de notre cœur.

Il y a quatorze ans passé, l'île a crié et pleuré, car nous nous croyions perdus. Cependant hélas c'était notre folie, nos yeux étaient alors tellement pleins de larmes qu'ils ne pouvaient rien voir. Nous ne savions pas alors que la main de la France frappe sévèrement ceux qui sont contre elle. Nous étions un peuple conquis à cette époque et quel est celui d'entre nous qui n'a pas pensé que ce pays allait être traité sans égard. Cependant nous avons vu de nos propres yeux que depuis cette époque jusqu'à ce jour, la France ne nous traite comme des gens conquis mais comme ses enfants adoptifs. Ce qu'elle fait pour nous est dicté par la liberté, l'égalité et la fraternité. Je crois que c'est un bonheur pour nous d'avoir été conquis par la France. Vive la France! Vive la République Française !

Nous inagurons aujourd'hui un monument en souvenir du décret du 3 mars 1909, qui nous annonce que c'est aussi aujourd'hui que commence le jour où nous sommes du même sein que la France notre mère chérie. Si les remerciements et la joie pouvaient être matérialisés, vous les verriez sortir de tous les malgaches réunis ici comme les meilleures fleurs autour desquelles flotte le drapeau tricolore. C'est donc en votre nom, Monsieur le Gouverneur Général, et grâce à votre administration bienveillante, que nous inaugurons ce monument qui restera un souvenir qui témoignera de la bienveillance de la France à notre égard c'est, en effet, aujourd'hui que commence le jour où nos ancêtres et nous, nous sommes admis à jouir des droits les plus élevés, ceux de « Citoyen. »

La porte nous est ouverte pour nous permettre de concourir à la qualité la plus élevée et la plus digne de la France qui est la première des nations ; nous considérons donc comme l'honneur de notre pays d'être appelé à être le premier à obtenir cette qualité, alors même que nous ne serons pas tous admis, mais quelques-uns seulement. Cette porte est ouverte et nos descendants ainsi que nous-mêmes, nous pouvons espérer devenir citoyens si nous en montrons dignes, si nous sommes soumis à la France et si nous nous aimons. Posséder ces qualités c'est déjà être citoyen bien que restant malgache, et croyons que nos descendants s'efforceront d'obtenir cette qualité, parce que nous savons que nous recevons cet honneur en qualité d'enfants de la France. Ceux qui ne sont pas dignes ne seront pas récompensés.

Je vous fais connaître, Monsieur le Gouverneur Général, que c'est avec joie que nous tous avons souscrit volontairement une somme élevée pour ériger ce monument, et que nous l'offrons à la Colonie de Madagascar en votre présence.

O Protecteur des Malgaches ! Recevez pour votre honneur l'acclamatiou de vos enfants. Nous vous prions de ne pas nous oublier auprès de la France notre mère.

Vous pouvez être sûr que nous nous conduirons dignement pour ne pas vous démentir aux yeux du Ministre des Colonies et de la France entière.

Vive la France !

Vive Monsieur le Gouverneur Général Augagneur !

Discours de M. E. Ranarivelo

Au nom des commerçants, industriels et éleveurs malgaches, M. Ranarivelo, notable commerçant, prit la parole en ces termes :

MONSIEUR LE GOUVERNEUR GÉNÉRAL,

Dans cette grandiose manifestation sans précédent, toute la population malgache est réunie dans un sentiment à la fois de déférence et de reconnaissance, envers la République Française, et envers votre personne, son digne représentant à Madagascar.

Nous sommes en effet, très heureux de la mesure bienveillante, qui vient d'être prise, grâce à votre initiative, en notre faveur, aussi avons-nous tenu, à marquer cette date du 3 mars 1909 par l'érection d'un monument élevé par souscription nationale malgache.

Nous constatons que la France, fidèle à ses traditions d'humanité et de progrès, non contente de faire régner dans ses colonies la justice égale pour tous, fait profiter ses enfants d'adoption, à mesure de leur avancement dans la voie de la civilisation, des lois et prérogatives attachées à la qualité de citoyens de la Mère-Patrie.

C'est au nom des commerçants, industriels, agriculteurs, éleveurs, de tous les artisans de la Colonie que j'ai l'honneur et la joie de prendre la parole en ce jour de manifestation populaire. A ce titre, je tiens à vous dire bien haut, Monsieur le Gouverneur Général, puisque l'occasion nous en est procurée, combien nous vous sommes reconnaissants pour l'impulsion que vous avez donnée au développement économique de notre Ile. Grâce à la réfection de nos routes, à la percée de nouvelles voies de communication, à l'achèvement du chemin de fer, dont Tananarive est tête de ligne d'un côté et en attendant que Tamatave le soit sur la Côte-Est, l'écoulement de nos produits est désormais assuré.

Vous êtes compris, nous vous seconderons dans toute la mesure de nos moyens. Déjà, nous avons formé une Société, que vous avez bien voulu autoriser, qui s'occupe d'agriculture et d'élevage ; avec vos précieux conseils et vos encouragements, nous étendrons nos cultures, nous développerons nos industries, notre commerce.

Je le répète, Monsieur le Gouverneur Général, cette manifestation est organisée par toute la population malgache reconnaissante de vos bienfaits. Sous votre Gouvernement, nous sommes plus que jamais, tranquilles dans nos biens et dans nos occupations, nous jouissons d'une ère de paix et la voie vers la véritable liberté nous est ouverte.

Messieurs, au nom de tous mes compatriotes, je remercie le Gouvernement de la République Française et Monsieur le Gouverneur Général Augagneur, son représentant à Madagascar, et je termine en formulant le vœu que le tronçon du chemin de fer devant relier Tamatave avec Brickaville, soit promptement achevé, estimant que cette amélioration exercera une heureuse influence sur les transactions commerciales.

Discours du D^r Ch. Ranaivo

Vice-président du comite, c'est au nom de la population malgaches que le docteur Ch. Ranaivo prit la parole et prononça le discours suivant.

Monsieur le Gouverneur Général,

Au nom du Comité d'organisation du monument commémoratif du décret du 3 Mars dernier, et au nom de la population malgache toute entière, j'ai l'honneur de vous adresser nos plus vifs remerciements pour avoir bien voulu honorer cette cérémonie de votre présence, donnant ainsi aux Malgaches une nouvelle preuve de votre sollicitude pour eux.

Monsieur le Gouverneur Général,

Mesdames, Messieurs,

C'est un jour nouveau qui se lève aujourd'hui pour le peuple malgache. C'est un jour de grande joie, c'est l'aurore d'une vie nouvelle qui comptera dans l'histoire de ce pays. Personne ici n'ignore que, hier encore, sous la monarchie Hova, nous n'étions, bien qu'appartenant à un état soi-disant libre, que les esclaves toujours taillables et corvéables à merci. L'esclave véritable était plus heureux que l'homme libre parce que ne relevant que d'un seul maître, et parce que ce maître ne tenait ni à perdre ni à détruire sa chose. L'homme libre devait supporter toutes les exactions et toutes les vexations. Rien ne lui appartenait, il n'avait aucun droit.

Il y a quelques années, une petite minorité seulement parcequ'elle connaissait les Français a été heureuse de saluer l'arrivée des Français à Madagascar. Cette minorité avait compris que l'occupation marquerait le commencement d'une ère nouvelle, celle de la justice, de la liberté et de l'égalité pour tous. Aujourd'hui je puis dire en toute sincérité que tout le monde en est convaincu.

Monsieur le Gouverneur Général, il est une formule de discours malgache : « Ny be manana ny azy, ny kely manana ny azy », c'est-à-dire : « les grands ont leur part, et les petits ont la leur », qu'on employait souvent autrefois, bien qu'elle fût en opposition avec les procédés de l'ancien gouvernement. Mais, depuis l'occupation, depuis que la République Française a étendu ses bienfaits sur notre île, nous pouvons dire que la formule citée tout à l'heure est tout à fait adéquate à l'état de chose actuel.

Depuis que la pacification est devenue un fait accompli, partout se montrent les bonnes initiatives, aussi bien dans le domaine industriel qu'agricole, intellectuel et moral, toutes choses qui témoignent d'un véritable effort vers le progrès et la civilisation. Je n'en veux pour preuve que le bien-être de cette foule immense qui vous entoure et qui est venu vous témoigner sa joie, son bonheur et sa reconnaissance. Une autre preuve de ce que j'avance, preuve irréfutable s'il en fût, est la suivante : malgré le très court laps de temps depuis lequel Madagascar est devenu possession française, vous-même, Monsieur le Gouverneur Général, le représentant de la France et de la République parmi nous, avez déjà jugé possible d'entrevoir l'octroi à un certain nombre d'indigènes de la qualité de citoyen français ; et c'est dans ce but que vous avez bien voulu prendre l'initiative du décret du 3 mars, dont nous célébrons aujourd'hui la promulgation par l'érection de ce monument.

Monsieur le Gouverneur Général, le peuple malgache sachant être reconnaissant des bienfaits qu'il reçoit, a voulu consacrer, par un souvenir durable, l'acte de générosité dont la France, grâce à votre intervention, le gratifie. Dès la promulgation du décret dans la colonie, il a compris son devoir et a, par son comité d'organisation, ouvert une souscription nationale à l'effet d'ériger un monument qui rappellera aux générations futures cette date mémorable à laquelle votre nom restera à jamais attaché.

Notre monument n'a pas beaucoup de prétention artistique, mais il aura le mérite de témoigner par tout ce qui se rattache à lui qu'il est le fruit de l'activité malgache, car, en effet, l'initiative en est due aux malgaches, la souscription entièrement volontaire est le produit de nos épargnes à tous ; le plan en a été exécuté par un architecte malgache et l'exécution en est confiée à des entrepreneurs malgaches.

A ce propos, je dois, au nom du Comité, un mot de remerciement à tous mes compatriotes pour le zèle et l'enthousiasme avec lesquels ils ont si généreusement répondu à notre appel. En trois mois, nous avons reçu trente mille francs et nous avons dû, malgré de nombreuses protestations, clore la souscription, estimant cette somme suffisante pour ce que nous avions à faire.

Enfin, Monsieur le Gouverneur Général, je tiens à vous dire que les heureux qui mériteront l'insigne faveur de devenir citoyens français comprendront les devoirs qui leur incomberont de ce fait, les malgaches savent, et le rôle de ceux d'entre nous qui sont plus instruits est de faire comprendre à ceux qui l'ignoreraient, que la naturalisation ne donne pas seulement des droits et des privilèges, qu'elle ne constitue pas la pure assimilation d'un indigène à un Français d'origine, mais, qu'elle implique aussi et surtout des obligations et des devoirs. D'abord, à la France, pays des initiatives généreuses, des idées humanitaires qui ont fait le tour du monde, et pour le triomphe desquelles vos ancêtres, à vous Français d'origine ont lutté et sont morts, à la France, dis-je, et à la République, les nouveaux français devront, en toute circonstance, témoigner loyauté et dévouement absolu. Auprès de leurs compatriotes restés sujets français ils devront jouer le rôle d'aînés, de guides et de médiateurs, ils devront être le trait d'union entre l'Européen et l'indigène. La tâche peut être difficile, mais elle devra être l'objet de leurs plus grands efforts. Les malgaches doivent considérer la naturalisation comme la récompense d'une vie toute d'honneur, de droiture et de probité.

Je termine, Monsieur le Gouverneur Général, en vous priant de vouloir bien transmettre à Monsieur le Président de la République l'hommage de la profonde reconnaissance du peuple malgache, d'accepter pour vous même le témoignage de toute notre gratitude, et de croire à notre plus entier dévoûment à la France et à la République.

Discours de M. le Gouverneur Général

Très écouté et très applaudi M. Augagneur s'exprima ainsi :

MESDAMES, MESSIEURS,

Les déclarations si nettes, si franches des orateurs que nous venons d'entendre, le concours enthousiaste de la foule immense accourue à l'appel du Comité, son empressement à contribuer de ses deniers à l'érection d'un monument perpétuant le souvenir de cette journée, donne à la cérémonie à laquelle nous prenons part, le sens d'une manifestation consciente et réfléchie de tout un peuple.

Je remercie sincèrement ceux qui furent les promoteurs de cette manifestation grandiose, et dont les paroles ont si bien caractérisé les intentions et les actes de la France à Madagascar. Au nom de la République, je prends acte de leurs déclarations. Cette journée a la valeur d'une journée historique, elle scelle à tout jamais, l'union, la solidarité des Français de Madagascar et des Français de la Mère-Patrie, elle efface les traces des luttes de naguère, elle proclame la paix morale entre tous.

L'un de vous, M. Rakotovao, a rappelé en termes presque touchants, par leur franchise, l'état d'esprit des Malgaches il y a 14 ans. La fatalité des événements historiques avait obligé la France à s'ar mer contre le Gouvernement de Madagascar. En voyant arriver les soldats français vos craintes furent extrêmes : quel sort allait vous être réservé ? N'alliez-vous pas perdre vos biens, votre liberté, être dépouillés de tout droit, à la merci d'un vainqueur tyrannique ?

Vos craintes étaient vaines, vos défiances injustifiées, vous le proclamez vous-mêmes, en ce jour avec joie.

Au lieu de la ruine, vous avez trouvé sous la direction de la France un bien-être qui vous était inconnu : au lieu de l'esclavage, la proclamation et la jouissance de la liberté pour tous ; au lieu de l'arbitraire, la reconnaissance et l'exercice de tous les droits ; au lieu de l'inquiétude, la sécurité.

Depuis quatorze ans, la France vous fait participer au patrimoine de connaissances, de richesses, de dignité morale, de solidarité généreuse, que quinze siècles lui ont constitué, par l'effort des générations ascendant vers l'idéal le plus noble et le plus désintéressé, qu'aucune Nation ait jamais conçu.

Ce souci d'apporter là où elle est la force, tout ce qui constitue le droit, caractérise la politique de la France : cette politique elle l'a pratiquée, avec une gloire qui illuminera à jamais son histoire, quand, sous l'explosion de la Révolution elle déborda de ses frontières sur l'Europe toute entière ; cette politique elle la pratique dans son expansion coloniale, nous en constatons tous les bienfaits aujourd'hui.

Le Décret du 3 Mars 1909, qui permet d'accorder la naturalisation française aux indigènes de Madagascar, est la conséquence logique de cette politique coloniale, la preuve la plus définitive que puisse donner la France de son attachement, de sa fidelité à ses traditions et à son esprit national.

Et permettez-moi, d'abord, de féliciter vos orateurs, pour l'intelligence avec laquelle ils ont compris la portée de la législation qui permettra à ses bénéficiaires de jouir de tous les droits de citoyen français.

Ils ont compris et ils ont dit que la naturalisation devait être un fait individuel, que des conditions devaient être mises à son obtention, que la naturalisation ne pouvait être accordée en masse, sans distinction, sans examen, à tout homme né sur le sol de Madagascar.

La naturalisation, c'est-à-dire l'attribution de tous les droits appartenant au citoyen français, les droits politiques comme les droits civils, ne peut s'accorder, raisonnablement, qu'à ceux en état d'user de ces droits dans la forme où en use la moyenne des Français de naissance.

On ne se transforme pas en Français par la vertu d'un texte : la naturalisation ne peut être que la constatation du fait, de la francisation, elle ne peut être l'instrument de cette francisation.

Parler et écrire correctement la langue française, avoir un genre de vie, des habitudes prouvant qu'on agit, qu'on pense à la française, seront les conditions nécessaires pour accéder à la naturalisation.

Et comme nous voulons que les nouveaux français fassent honneur à notre nom, nous exigerons que la moralité, la probité des naturalisés, leur honorabilité, en un mot, soient reconnues de tous.

La France n'accorde pas d'emblée la naturalisation, même à ceux qui lui semblent remplir toutes les conditions nécessaires pour l'obtenir ; elle attend que les intéressés la réclament. La France veut que les naturalisés soient de vrais Français, venus aux mœurs françaises parce qu'elles leur semblent préférables à toutes autres, nous voulons que les naturalisés aient accepté, compris l'esprit de la France.

Que ceux qui ne se sentent pas en eux-mêmes les conditions nécessaires mais voudraient les voir obtenir par leurs enfants, s'efforcent de faire à ces enfants une âme française Qu'ils les fassent élever dans les écoles du Gouvernement. Là on leur formera un esprit, les préparant à leur rôle futur de citoyens de la France.

Si nous n'accordons pas à tous les bénéfices du Décret nouveau, si nous imposons certaines conditions, c'est que nous ne voulons pas que la jouissance des droits de citoyen puisse être une cause de trouble social et politique.

Nous, Français d'origine, nous ne sommes parvenus au régime de l'égalité complète, consacrée par le suffrage universel, que grâce à une longue évolution, dont chaque étape a, par la conquête d'un droit nouveau, préparé l'arrivée au but définitif. Ainsi s'est formé peu à peu un esprit national façonné à l'usage et par l'usage de cette égalité totale civile et politique. Et ce que nous avons mis des siècles à constituer, nous ne pourrions sans danger, le transmettre par décret à une collectivité humaine quelconque. Nous devons réserver la naturalisation à ceux qui font la preuve de posséder cet esprit national, à ceux jugés capables d'employer l'instrument d'indépendance et d'autorité mis en leur main, avec profit et sans danger pour eux-mêmes et pour les autres.

Tout cela vous l'avez compris, et c'est en pleine connaissance de cause, que vous remerciez la France de la faculté qui ne sera d'abord accessible qu'à certains d'entre vous. Mais par l'effort commun de tous, des Français d'hier et des Français de demain, nous ferons que le nombre des naturalisés possibles ira sans cesse croissant. Par l'école, par la propagante de l'exemple nous multiplierons par tous les moyens d'accéder au statut nouveau.

Vous m'avez, dans vos discours, remercié de la direction que j'ai donnée au Gouvernement de votre pays. Je suis, je n'ai aucune peine à l'avouer, très sensible aux manifestations de votre gratitude ; savoir que le peuple malgache est plus heureux, que dans vos villes et vos villages règne la confiance dans la justice de la France, savoir que vous êtes dans une sécurité morale plus grande qu'autrefois, que dans tout cela vous attribuez quelque chose à mon action personnelle, est la meilleure compensation que j'aie pu ambitionner pour un travail de quatre années.

Mais si j'ai réussi à vous donner cette confiance et cette tranquillité, votre reconnaissance doit aller aussi à mes collaborateurs dont je suis ici entouré. Avant d'honorer mes collaborateurs et moi-même, qui tous n'avons fait que notre devoir, vous devez remercier la France qui nous l'a dicté.

Nous n'avons qu'un mérite, celui d'avoir apporté dans ce pays les généreuses traditions, les pratiques de justice chères à notre race. Et avec une patriotique fierté nous pouvons constater leur heureuse et victorieuse influence ; après quinze ans à peine, elles ont fait disparaître les reliquats des haines et des luttes passées, elles ont fait de Madagascar une terre bien fançaise, non seulement par le fait de l'occupation guerrière, mais par la pénétration pacifique des esprits et des cœurs : le drapeau n'est pas seulement le symbole de la prise de possession matérielle, mais celui de la conquête intime des esprits.

Habitants de Madagascar, Français de naissance et indigènes, nous conserverons le souvenir de ce jour, perpétué par l'érection d'un monument, comme consacrant la définitive union de Madagascar à la France.

Le Banquet

Sur le terrain même des fêtes , à midi, un banquet monstre auquel de très nombreux colons, fonctionnaires, officiers avaient été invités, fut servi sous un abri très pittoresquement décoré. Au dessert, plusieurs allocutions et discours furent prononcées. Le Dr Rajonah, le Dr Andrianavony enfin le Dr Rajoelina prirent successivement la parole.

Dans une brillante improvisation le Gouverneur Général répondit et proposa au milieu des acclamations de porter la santé du Président de la Répnblique Française : M. Armand Falliéres.

LES DISCOURS

Discours du Dr Rajaonah

Monsieur le Gouverneur Général,

Messieurs,

Permettez-moi de vous proposer un toast que vous accepterez certainement avec cordialité.

Ce toast que je vous propose est le vœu de bonheur et de prospérité à Monsieur le Gouverneur Général et à sa famille et à vous tous Messieurs. Nous vous souhaitons la bénédiction du Bétsileo qui dit : « Que la rosée

« du ciel et l'huile de la terre se répandent
« sur vous. »

Depuis quatre ans que vous êtes le Chef
de cette Colonie, Monsieur le Gouverneur
Général, on peut juger par les démonstrations
spontanées pour cette fête qu'on vous aime
et qu'on apprécie votre œuvre.

Grâce à votre administration impartiale à
votre justice et à votre humanité, le peuple
malgache devient de plus en plus attaché à
la Mère-Patrie et montre son dévouement et
sa reconnaissance à la France.

Ayant l'honneur d'être le trésorier du Comité d'organisation avec le Docteur Andrianavony, nous avons constaté que, sans tapa-
ge, sans être forcé, tout le monde a souscrit
très volontiers et nous avons même été obli-
gés de clore la liste des souscriptions pour
ne pas dépasser la limite, nous sommes certains que tout le monde a souscrit de bon
cœur.

Ce n'est point seulement à l'occasion du
décret du 3 mars que nous sommes pleins de
reconnaissance aujourd'hui, mais aussi pour
tout ce que la France et vous, son représentant, avez fait pour nous.

Il m'est impossible à cause de la brièveté
du moment de citer toutes vos œuvres à Madagascar pendant les quatre années de votre
gouvernement. C'est inutile, comme il est inutile d'allumer une bougie pour éclairer le so-
leil. Votre œuvre, Monsieur le Gouverneur
Général, est au-dessus de toutes les louanges
comme au-dessus de toutes les critiques.

Messieurs, permettez-moi de lever avec
vous mon verre à la santé de Monsieur le
Gouverneur Général et de sa famille.

Discours du Dr Andrianavony

Au nom de mes compatriotes, j'ai l'honneur de prendre la parole devant vous pour vous exprimer les sentiments de profonde et sincère gratitude envers la France qui, depuis l'occupation, en même temps qu'elle veille avec sollicitude sur nos intérêts matériels, s'efforce de nous guider dans la voie du progrès et de la civilisation. L'amélioration du code de l'indigénat, la création des tribunaux d'arbitrage, mais surtout l'augmentation du nombre des écoles laïques de divers ordres, où nos enfants peuvent s'instruire de plus en plus et atteindre un degré de savoir autrefois inconnu, sont autant de bienfaits que nous apprécions comme il convient et dont nous sommes reconnaissants à la France. Mais elle voulut aller plus loin encore par le décret du 3 Mars 1909. Elle nous permet d'accéder au titre envié de citoyen français.

Elle a tant fait que ceux d'entre nous qui en auront le courage et la volonté ne voient plus entre les français et eux d'autre différence que la couleur puisqu'elle nous donne les moyens de cultiver notre intelligence et de prendre notre place dans les rangs des français où nous entraînent déjà les sentiments de notre cœur.

Pour qui connait un peu l'histoire coloniale de la France républicaine, rien

n'est surprenant de sa part. Fidèle à sa
noble devise : liberté, égalité fraternité,
elle s'en inspire dans son œuvre de colonisation. Partout où flotte le drapeau tricolore à Madagascar, comme ailleurs, elle
n'a pas voulu faillir à sa noble mission
et elle a voulu accueillir parmi les siens
tous ceux d'entre nous qui sauront s'en
rendre dignes.

Ce dernier bienfait de la France dont
nous voulons perpétuer le souvenir nous
crée des devoirs que nous avons compris
et que nous n'oublierons pas.

Quels que soient les efforts de la France pour ouvrir aux Malgaches la voie du
progrès et de la civilisation, elle échoue-
rait dans sa généreuse entreprise si nous
ne savions pas y répondre. C'est donc à
nous de guider nos enfants dans cette
voie nouvelle, à leur faire comprendre,
que c'est par l'instruction laïque et ra-
tionnele, par l'élévation de leur esprit
qu'ils parviendront à conquérir le beau
titre de citoyen français qui doit désormais être le but de leur ambition.

Et, à vous Monsieur le Gouverneur Général à vous, le représentant de la France
qui avez inspiré ce décret du 3 Mars 1909,
nous adressons aussi l'expression de notre reconnaissance émue et nous sommes
heureux que vous ayez pu présider à la
pose de la première pierre de ce monument qui rappellera aux générations futures de Madagascar ce qu'ils doivent à la
France leur nouvelle Patrie.

Vive la France !!
Vive le Gouverneur Général !!

Discours du Dr Rajoelina

Monsieur le Gouverneur Général,
Messieurs — Chers Concitoyens,

Elevé par la France, dont la générosité m'a permis de faire mes études dans la Métropole, j'ai été très heureux de l'honneur que mes jeunes concitoyens m'ont fait de m'inviter à prendre aujourd'hui la parole en leur nom.

La jeunesse malgache entière est heureuse de l'œuvre de colonisation que la France a accomplie parmi nous.

Quoique, jeunes encore, nous nous rappelons le joug pénible sous lequel nos pères ont gémi pendant tant d'années ; nous les avons entendus raconter leurs misères, et avec quel soupir de soulagement ils ont vu survenir, peu à peu, l'influence de l'esprit européen dans nos contrées.

Antérieurement à l'expédition, qui mettait, Madagascar, définitivement sous le Gouvernement de la France, les résidents européens furent souvent les protecteurs des Malgaches qui surent les rapprocher d'eux. Ce fut une étape dans la vie malgache que cette gêne apportée par les Européens à l'exercice du pouvoir absolu.

La deuxième date de notre histoire fut celle de l'occupation, marquée par la chute du gouvernement royal, et la main mise de la République française sur notre territoire. Nous n'avons pas eu à nous en plaindre et si, des faits inhérents à toute conquête ont pu froisser certains esprits, la population dans son ensemble, fut certainement heureuse d'accepter la domination française, avec son esprit d'équité et de justice. Il est rare de voir des vaincus venir remercier leurs dominateurs en toute sincérité et c'est pourtant ce sentiment qui nous anime.

Depuis l'occupation, la France a fait de gros sacrifices pour nous ; des écoles s'élèvent de tous côtés, des routes sillonnent notre pays, un chemin de fer relie Tananarive à la côte. Mais au-dessus de tout cela ce que nous voyons surtout. nous autres malgaches, c'est la paix et la tranquillité rendues, grâce à la France, à la population entière. Nous pouvons travailler et posséder en toute liberté, nous pouvons nous livrer paisiblement à la culture de notre sol sans crainte d'être dépouillés du fruit de nos travaux. Cela c'est à la France que nous le devons.

Notre devoir, c'était d'être reconnaissants, notre façon de le montrer, c'était de travailler à l'élévation morale de notre pays.

Nous avons essayé de le faire et d'agir de toute notre force, notre œuvre a été utile et féconde, puisque dès maintenant la France veut bien reconnaître, que quelques-uns d'entre nous lui paraissent dignes d'être, non plus des sujets, mais de véritables citoyens.

C'est une troisième époque qui commence pour l'histoire de Madagascar, c'est là une troisième phase dans la marche d'un peuple en évolution vers le progrès.

Nous avons tenu à noter cette date et à la fixer dans l'avenir, en laissant une marque, une trace palpable de ce passage à une ère nouvelle.

MONSIEUR LE GOUVERNEUR,

Si la phase de notre évolution, qui s'est écoulée de la conquête à nos jours, a été si rapide, c'est à vous que nous le devons en grande partie. Si votre prédécesseur le Général Galliéni a été appelé, « Le Pacificateur de Madagascar », vous en avez été, Monsieur le Gouverneur, « L'Organisateur ».

Vous avez su guider d'une main sûre tout ce peuple vers un avenir meilleur, vers la civilisation que nous sommes nous n'en doutons pas à la veille d'atteindre.

Nous vous remercions de ce que vous avez fait pour nous et nous sommes heureux en ce jour de vous offrir un témoignage de notre profonde gratitude.

Le Gouverneur Général répond en une brillante improvisation.

M. Augagneur félicita et remercia le comité de l'initiative dont il avait fait montre, en organisant la belle cérémonie à laquelle il lui était donné d'assister.

Le concours de cette foule immense qui environne l'assistance démontre que cette fête n'est point la fête d'une petite collectivité mais bien celle du peuple malgache.

Et c'est avec une certaine satisfaction personnelle qu'il vit les médecins prendre tour à tour la parole pour célébrer ce grand acte qu'est la naturalisation.

Cependant il n'a garde d'oublier la part prise par des commerçants comme Ranarivelo et des vieux malgaches comme Rakotovao.

Cette fête ajouta le gouverneur n'est pas seulement une fête malgache. C'est encore une fête française car toutes les paroles prononcées ont été inspirés par l'esprit français.

A cet égard on peut calculer le chemin parcouru depuis 14 ans et la fête du 9 octobre est la preuve éclatante de l'union profonde qui existe entre le peuple malgache et les Français.

Rien d'étonnant d'ailleurs, la France lorsqu'elle conquiert un pays, songe à tout autre chose qu'à imposer une domination tyrannique, elle a à cœur d'apporter avec sa domination les idées de Justice et de Progrès dont elle s'est faite le champion dans le monde.

Fidèle à cette généreuse tradition le Gouverneur Général exprime l'espoir et le souhait que la prospérité et l'instruction se répandent de jour en jour davantage parmi les indigènes.

Il boit au bonheur des indigènes et à leur union avec les colons souhaitant de même qu'il n'y a plus ni maitre ni valets, il n'y ait plus ni exploiteurs ni exploités.

Il invite enfin tous les convives à lever leur verre en l'honneur du Président Fallières le digne représentant de la République Française.

Des applaudissements enthousiastes accueillent la péroraison de cette allocution chaleureuse pleine de cordialité.

*
* *

Les fêtes furent célébrées au milieu d'une foule considérable qni ne cessa de manifester ses sentiments d'attachement pour la France, la République et le Gouverneur Général représentan le Gouvernement de la République Française.

DOCUMENTS

Procès-verbal d'inauguration

L'an mil neuf cent neuf, le neuf octobre, a été posée par M. Augagneur, Gouverneur Général de Madagascar et Dépendances, la première pierre du monument commémoratif du décret du 3 mars 1909 fixant les conditions d'accession des Malgaches aux droits de citoyens français.

En même temps que ce procès-verbal signé de Monsieur Augagneur Gouverneur Général et de tous les membres du Comité d'Organisation ont été déposées : 1° Une copie du décret ; 2° Une Médaille commémorative en argent ; 3° Quelques vues photographiques de Tananarive en 1909.

Signature :

Victor Augagneur   Ch. Ranaivo
G¹ Vinkel-Mayer   Ranarivelo
Girard, Procureur   Ramanankirahina
général   Rakotovao.

La médaille

Sur la face de la médaille furent gra-
vées les inscriptions suivantes :

RÉPUBLIQUE FRANÇAISE

DÉCRET DU 3 MARS 1909

CONDITIONS D'ACCESSION DES MALGACHES

AUX DROITS DE CITOYENS-FRANÇAIS

213